LE MARTYRE

ET

LA MORT DU BIZET

Poëme héroï-comique

PAR UN HOMME D'ETAT.

Pauvres moutons, ah ! vous avez beau faire,
Toujours on vous tondra.
BÉRANGER.

L'effet inévitable des persécutions est de multiplier les prosélytes.
VOLTAIRE (*Mélanges philosophiques*).

Dédié, sans permission,

A S. E. Monseigneur le Baron Thiers,

PRÉSIDENT DU CONSEIL DES MINISTRES; GRAND D'ESPAGNE DE PAR LE CHARIVARI, ET GRAND OFFICIER DE LA LÉGION-D'HONNEUR DE PAR LUI-MÊME, ATTENDU SA MAXIME QUE *le Roi règne et ne gouverne pas.*

PARIS,

CHEZ LES MARCHANDS DE NOUVEAUTÉS.

1840.

LETTRE A LADY DUNDEE.

Belle Lady, à son Excellence Monseigneur le baron Thiers, grand d'Espagne de par le Charivari, Président du Conseil des Ministres qui mènent la France je ne sais trop où, et grand dans la Légion-d'Honneur par je ne sais trop qui, la dédicace officielle de courtisannerie ; mais à vous qui avez inspiré ma muse, à vous, syrène enchanteresse de la Calédonie, à vous le premier et juste hommage de cet enfant perdu d'un moment d'ironie amère, né d'une peine profonde bien plus que d'une gaîté réelle : car il est à remarquer que si un chagrin ordinaire se révèle par de graves et sombres pensées, du paroxysme d'une douleur poignante sort le rire d'ironie amère, qui est le *nec plus ultra* d'une âme ardente et profondément blessée.

Notre Racine, ce grand homme que les femmes ont si judicieusement nommé le poëte du sentiment, savait bien cela, lui, quand il mettait les vers suivants dans la bouche d'Hermione :

Règne : Porus et moi n'en serons point jaloux.

. . . .

Adieu : tu me connais... aime-moi si tu veux.

Toutes les situations politiques des états ont toujours eu et auront toujours leurs *ultra.*

Le fanatisme religieux a eu les siens, que Boileau a mitraillés avec ironie dans son joli poëme du Lutrin vivant; et comme il n'y avait point alors, comme aujourd'hui, de lois de septembre, il a pu, sans être envoyé aux antipodes, jeter impunément à la face des dévots ce vers fameux :

> Abyme tout plutôt, c'est l'esprit de l'Église.

La restauration des Bourbons a eu aussi ses *ultra.* Aucun poëte, que je sache, n'a mitraillé ceux-là, qui n'ont pas tardé à s'écrouler et à périr sous le poids de leur propre maladresse. Pour eux aujourd'hui, *Requiescant in pace*, *amen.*

L'ordre de choses actuel, tout comme ce qui l'a précédé, a aussi ses *ultra* dans cette camarilla mesquine et obtuse qui crie tout haut : *Tout pour l'ordre des choses*, et tout bas entre eux : *Tout pour nous.* Ce grand et profond philosophe qui a nom *le Charivari* les a nommés les *tamerlans* de la garde citoyenne. A les entendre, ils sont prêts à tout faire; et cependant, *deux fois déjà* l'ennemi s'est présenté sous leurs murs, qu'ils n'ont pas défendus, quand nous, paysans obscurs de la Champagne, nous défendions, pied à pied, en blouse, nos chaumières et jusqu'à nos moindres buissons, sans avoir, pour cela, besoin de beaux oursins de deux pieds sur la tête.

Ce sont ces ultra du jour que seuls je peins dans

le martyre et la mort du bizet, légère débauche d'esprit, qui n'est, après tout, d'un bout à l'autre, qu'une continuelle hyperbole.

De même que ce premier président d'autrefois, qui était un tartufe renforcé, fit annoncer au parterre de Paris, à propos du Tartufe de Molière, qu'il ne voulait pas *qu'on le joue...*, toute cette myriade de myrmidons intellectuels vont jeter feu et flamme, car, vous savez, *qui n'aime pas Cottin n'estime pas son roi.* Ils vont jeter feu et flamme, vous dis-je : c'est dans l'ordre des choses, et je ne m'en occupe guère.

Les tartufes ont passé, mais Molière est resté.

Vous qui, des bords du Thée aux rives de la Seine,
Modeste et simple Déité,
En tous lieux triomphante aux jeux de Callistène (1),
Sans y songer, tenez le sceptre de beauté.
Comme aux agrestes monts de la Calédonie,
Toujours simple, douce et jolie,
En Écosse, comme à Paris,
Des lieux où vous régnez faites un paradis.

(1) Fêtes de la Grèce en l'honneur de Junon et de Cérès. Il y avait un prix pour la plus belle des femmes qui s'y trouvaient.

De votre âme naïve et tendre
La douce *paisibilité* (1),
Souveraine sans rien prétendre,
Ne règne que par la bonté.
Accordez à mes vers un gracieux sourire :
C'est me donner l'ordre d'écrire.
Tout s'anime sous votre loi;
L'imagination est par vous embellie :
Vous feriez Tibulle de moi,
Si vous étiez mon Aurélie.

(1) Ce mot manquait au Dictionnaire de l'Académie. Vous avez si heureusement créé ce mot, qu'en sortant de votre bouche gracieuse, il a acquis de suite droit de naturalisation parmi nous ; et vous êtes sa mère, comme Bernardin de Saint-Pierre fut, il y a un demi-siècle, le père du mot si heureux de *bienfaisance*.

LE MARTYRE

ET

LA MORT DU BIZET.

Apollon, dieu puissant de la voûte azurée,
Pour animer mon luth, descends de l'empyrée,
Et de ton feu divin fais briller les rayons
Dans la mansarde obscure où je marche à tâtons.
Donne à ma faible voix un éclat homérique,
Je chante du *bizet* le martyre héroïque :
Sa candeur, ses beaux jours, et l'innocent éclat
De ce nouvel atlas, cher soutien de l'État.
Je chante sa douceur, son bonheur et sa gloire.
Muses!... ouvrez pour lui le temple de mémoire,
Et que la France entière inonde de ses pleurs
Mes vers, faibles récits de ses tristes douleurs.
Puissante renommée, aux cent voix de portières,
Cours du palais d'Aman au delà des barrières.
Toi, soleil! dans ces jours de douleur et de deuil,
Voile ton front brillant d'un lugubre linceul.
Cache ce front pâli sous un sombre nuage,
Et du *bizet* proscrit n'éclaire pas l'outrage.

Du bonheur domestique à ce noir attentat,
La justice des cieux refuse ton éclat.
Obéissez, moutons, à la voix béotienne
Qui transforme en dieux Mars les dandys de la Seine,
Et que dans chaque temple un fils de Bethléem,
A défaut d'*Hiacynthe* (1), y chante un requiem.
L'heureux *bizet* n'est plus!... par une loi *thiéreuse*,
Il vient de voir trancher son existence heureuse.
Qu'on mette au cénotaphe à sa gloire érigé
De sa robe de chambre au moins un abrégé.
Obéissez, bourgeois, à la loi draconienne
Qui transforme en soldats la garde citoyenne.
De par la loi, bourgeois, quittez l'habit bourgeois,
Car ainsi l'ont voulu vos grands faiseurs de lois.
Quittez l'air de salon pour les airs de caserne :
Thiers a rêvé shako, Montalivet giberne.
Leurs Laïs (2), s'ils en ont, et c'est ce que j'ignore,

(1) Au moment où fut composée cette plaisanterie, l'archevêque de Paris était mort, mais n'était pas remplacé encore.

(2) Qu'y a-t-il là d'impossible? Ne sait-on pas que de tout temps, en France, les femmes et les prêtres ont su, malgré la loi salique, comme malgré la loi de Jésus-Christ, qui a dit : *Mon royaume n'est pas de monde*, se faufiler si bien, que part plus ou moins grande ils ont pris, l'un portant l'autre (femmes et prêtres s'entend, quand je dis ici l'un portant l'autre), dans les affaires des gouvernements, où l'un et l'autre n'ont cependant que faire. Qui n'a entendu parler, ne fût-ce qu'au théâtre, de la belle madame de Châteauroux, de la Montespan et de la Dubarry?

Et puis, pour avoir le bénéfice d'un portefeuille, on n'en a pas moins un cœur; et un cœur, quand il est tombé dans les mains d'une femme, elle le mène loin.

Vous vous souvenez, lecteur, du mariage morganitique et tant soi

Sur ce fantasque rêve enchériront encore.
Si, ce soir, l'une rêve art nautique, aviron,
Il faudra, mes amis, vous farcir de goudron.
Pourquoi non! un prélat (1) peut servir de capote,
Et peut bien compléter enfin cette marotte.
Celle-ci, cette nuit, rêvera passepoil ;
Cette autre, en cauchemar, verra bonnet à poil;
Cette autre, en son boudoir, rêvassant sabredaches,

peu drolatique de la veuve d'un cul-de-jatte avec Louis-le-Grand. Vous avez vu hier encore le vieux roi de Hollande, amoureux, laisser rallumer morganitiquement pour lui le flambeau de l'hyménée à l'encontre de je ne sais plus quelle beauté batave.

On me dira qu'en France aujourd'hui les gouvernants sont plus austères, et que rois et ministres ont aujourd'hui, parmi nous, des cœurs aussi bien cuirassés contre les belles que contre les importuns solliciteurs.

Dans ce cas, il faut convenir que tous les malins petits journaux étaient bien mal avisés de s'ébaudir si jovialement naguère encore sur tous les heureux qu'aurait faits, selon eux, une certaine demoiselle Olivier, que je ne connais que par eux tous, par le canal de je ne sais quel ministre dont le nom m'échappe en ce moment, mais que je n'en respecte pas moins beaucoup sans le connaître, et que je n'en vénère pas moins, parce que, selon la parole de Jésus-Christ, la chair est faible, mais l'esprit est fort, et que tant qu'il y aura des hommes il y aura des faiblesses humaines.

(1) Qu'on ne s'y trompe pas, ce n'est pas un prélat évêque que je dis qu'on peut porter sur son dos : ça serait trop lourd, en sus d'un sac de peau surtout, et tout aussi inutile au moins que ledit sac de peau ; je ne veux pas écraser à ce point *les chers camarades.*

En terme de marine, on nomme prélat un carré de toile goudronnée qu'on étend sur les écoutilles d'un vaisseau pour empêcher les eaux pluviales de pénétrer dans les entre-ponts et la cale.

Ne veut plus à ses pieds que dandys à moustaches.
Et pour tout dire, enfin, ne sais quel creux cerveau
Affubla le bourgeois d'un menteur sac de peau (1).
Dans Rome, un empereur eut garde prétorienne ;
Ergo, donc, faut à Thiers sa garde citoyenne.
C'est juste, à tout seigneur nous devons tout honneur.
Bizets, shakotez-vous pour garder monseigneur.
Pour arriver plus tôt, mettez-vous hors d'haleine :
La chose, mes amis, en vaut parbleu la peine;
Et c'est devoir, bonheur, pour tout homme d'esprit,
De préférer alors la guérite à son lit.
Quittez savon, muscade et potasse et pistaches,
Et chez vos perruquiers commandez des moustaches.

(1) Menteur est ici au figuré, car le sac de peau est plutôt risible que menteur quand il figure comme décoration seulement, et qu'il ne renferme pas les vêtements de rechange qu'il est fait pour contenir.

On me dira que ces vêtements de rechange sont inutiles pour une apparition momentanée de vingt-quatre heures dans un poste, telle que la nécessite le service d'ordre et de sûreté pour lequel la garde nationale est instituée, et dans une ville surtout où le bourgeois, généralement parlant, fait son service entre sa tasse de chocolat du matin et son lait de poule traditionnel du soir.

Non seulement je reconnais avec mon interlocuteur toute l'inutilité des vêtements de rechange, et d'une garderobe entière sur le dos du patient qui va faire un service de vingt-quatre heures ; seulement je lui répondrai : Puisque vous reconnaissez que le contenu est tout à fait inutile, reconnaissez donc que le contenant sans le contenu est bien *plus inutile encore*, à moins toutefois que vous ne me disiez que c'est pour que chacun, au besoin, puisse rapporter à ses dieux Lares les dépouilles opimes des vaincus, ou les décorations et autres récompenses qui pourraient pleuvoir sur le zèle, la valeur, les hauts faits, etc.

Vive donc, crions tous avec hilarité,
L'hôtel des *zaricots*, et puis la liberté !
Mais, nos faiseurs de lois, sans trop vous contredire,
Sur nos habits la mode a seule de l'empire.
En fait d'habits, je crois, c'est le seul dictateur
Qui régna sur Paris sans encombre et malheur.
D'un lourd bonnet à poil j'ai l'âme peu jalouse;
Le *paltot* mirifique et la modeste blouse
Me plaisent beaucoup plus, car je suis très douillet:
C'est déjà trop pour moi, messieurs, d'être *bizet.*
Les lauriers à cueillir, et tout l'art militaire,
Je vous le dit tout net, font fort peu mon affaire;
Et j'ai toujours cru moi, dans ma simplicité,
Que chacun s'habillait suivant sa volonté.
Je commence à comprendre, et mon œil se dessille,
Que, dans mon gros bon sens, j'étais un imbécille.
Un oursin, j'en conviens, ça hausse le toupet;
Mais en casquette, moi, j'ai l'esprit bien plus net.
Faut-il donc, après tout, faut-il tant d'étalage
Pour aller à mon coin réprimer du tapage ?
Et si quelques gamins, au milieu de la nuit,
Viennent dans mon quartier parfois faire du bruit,
Pour faire triompher et l'ordre et la justice
Ma casquette vaut bien un bonnet de police.
Puis, entre nous soit dit, mon air est trop jobard
Pour faire le métier d'un chevalier Bayard.
Ce guerrier appareil, d'un époux tout paisible,
Sans en faire un dieu Mars, fait un homme risible;
Et j'aime fort peu, moi, pacifique bourgeois,
Servir de mannequin aux rieurs, qui, parfois,
Croquant burlesquement ma burlesque figure,
Vont me placer tout vif dans *la Caricature;*

Puis, que chacun tout haut, devant chez Martinet,
S'écrie en me nommant : C'est monsieur Moutonnet!!!
A mes destins obscurs je sais rendre justice :
J'aime peu la giberne, encor moins l'exercice,
Et préfère marcher libre et clopin-clopant
Que de marcher au pas sous un tambour battant.
Mille fois moins encor j'adore les parades.
Je fuis l'appât trompeur des mots : *chers camarades*;
De ces *poignées de main* tant de mode en août,
Hors de mode déjà!!! je me garde surtout.
Chacun suit ici-bas la mouche qui le pique.
Le devoir, c'est pour moi de servir la pratique.
Quand on priait ma femme aux grands bals de la cour,
Prophète, je disais : C'est la frime d'un jour!
A d'autres grands destins, oui, mon devoir m'appelle.
Ma potasse, mon suif, mon sucre et ma cannelle,
Ce sont là mes états! c'est mon royaume enfin,
Et pour m'en détacher il faut être bien fin.
Suis-je pas directeur de la petite poste?
Je puis peu m'absenter pour patrouiller au poste.
Je fais le petit verre, et sers tous les chalands,
Et vends mes lampions à tous les gouvernants...
Plus d'un homme d'état, je pense, a fait de même!!!
Sans qu'un haro public lui jetât anathème,
Et s'enrichir d'abord fut son premier secret.
Mais *motus!*... sur ce point force est d'être discret :
Car tout puissant du jour, enrichi de rapine,
Ne veut pas de son or voir scruter l'origine.
Ces gens-là sont nombreux ; ils ont tous le bras long,
L'hôtel des *zaricots*!... c'est assez de prison!...
Qu'un guerrier d'Excideuil quitte un jour sa baraque,
Pour aller, s'il le veut, s'illustrer dans six-craque :

S'il le veut, j'y consens ; mais chacun son état :
Le mien, je vous le dis, n'est point d'être soldat.
Je couve mon épouse, et, bourgeois pacifique,
Je cueille mes lauriers au fond de ma boutique ;
Je n'aime pas l'éclat, je chéris le repos,
Et ne me sens nul goût pour l'état de héros.
Pendant mes cinquante ans, on m'en conta de belles ! ! !
Je vis, chaque matin, des parades nouvelles.
Chaque jour, mes amis, nous changeons de grelots,
Et je dirais tout bas qu'on nous prend pour des sots,
Si mon grand commandant, qui n'est pas du tout bête,
N'était pas là debout, qui nous lorgne et nous guette.
C'est un fameux lapin que mon grand commandant !
Mais je n'ai pas du tout le goût d'en faire autant ;
Car fin autant qu'adroit, malin autant qu'agile,
Près de tout arrivant, mon homme se faufile.
Un large et bon emploi, plus, par dessus, la croix,
Sont déjà le doux prix de ses futurs exploits.
Atteint tout dès l'abord d'une crise de zèle,
Soir et matin il fit manœuvre à la ficelle (1).

(1) Qui n'a pas vu dans les Champs-Élysées, à l'époque de ce paroxysme de zèle plus ou moins calculé, mais qui faisait déjà présager à tous les yeux clairvoyants l'espèce d'engourdissement et de marasme qui succède à tous les accès de fièvre, des officiers s'exercer aux manœuvres, et à défaut de leur compagnie, qui faisait défaut parce qu'elle avait son pain à gagner, la représentaient par une ficelle tendue tenue par deux hommes, qui, pivotant, allant et venant à la voix du chef, représentaient à eux deux fictivement toutes les positions d'une compagnie entière? Chacun a sa marotte, et chacun est bien libre de passer ses loisirs à sa manière assurément. Mais on est libre d'en sourire : j'en ai souri avec bien d'autres. Il n'en fallait pas davantage

Il fait tant, je vous dis, de ses pieds, de ses mains,
Qu'il est fort bien en cour, disent les plus malins.
Il a du courtisan l'aplomb et l'assurance,
Et tout ce qu'il désire il l'obtient à l'avance.
La science lui pousse, il est universel,
Et peut faire un discours sans un seul grain de sel.
A la table royale il va prendre sa place,
Mais, hélas ! on l'a dit : à tout gueux la besace;
Et moi, bizet proscrit !... tout criblé de rigueurs,
Je vois tout le néant de ces frêles grandeurs.
Tandis qu'il se goberge à la liste civile,
Je mange un pain d'un sou pour aiguiser mon style.
Moi, je prise fort peu les souples flagorneurs
Qui changent, à tous vents, de thèse et de couleurs.
Je vous le dis tout franc : oui ; tout cela m'embête.
Non, je n'ai pas, messieurs, la rage de conquête,
Et, sans être Normand, suis assez avisé,
Pour voir que ce beau zèle est déjà bien usé.
Oui, je l'avoue, au nez je me sens la moutarde
Lorsque l'ordre public me mande au corps de garde,
Qu'un tapin (1) importun, grassement défrayé (2),

pour que je fusse un mauvais citoyen, et un ennemi déclaré du gouvernement, comme bien d'autres. Voilà cependant comme la plupart du temps on juge les hommes.

Je crois, Dieu me pardonne, que si le greffier du conseil de discipline eût été là on eût dit, comme dans la comédie du George Dandin, de Racine : Greffier, écrivez qu'il a ri.

(1) Petit nom d'amitié goguenarde décerné au tambour citoyen par ses chers camarades.

(2) Largement défrayé. Le tambour reçoit de l'État deux francs par jour, il a le reste du bois du poste, et quand il s'y entend un peu, il

Cherche à m'inoculer son zèle salarié,
En battant sa peau d'âne à me rompre la tête
Quand avec mes amis je me trouve en goguette.
Je n'aime pas, surtout, qu'un monsieur caporal
Vienne me gourmander d'un ton de général
Quand devant ma guérite, en mon humeur badine,
Je cause un tantinet avec quelque voisine,
Ou qu'en ma faction, pour moi vrai pilori,
Je parcours *le Corsaire* ou *le Charivari*.
Ma spécialité, c'est le poivre et l'épice,
Et c'est en amateur que j'entends le service.
Hé, messieurs, ici-bas, chacun a son état;
Et n'est-ce pas se rire et jouer au soldat
Que d'affecter à nous, bourgeois tout débonnaires,
L'âpre sévérité de nos lois militaires?
Fallait avoir au corps l'âme des Ostrogoths,
Pour inventer pour nous *l'hôtel des zaricots!*
Je ne sais pas vraiment quelle burlesque tête
A notre barbe à tous a fait cette boulette;

en a plus que le poste pour chauffer sa belle. En outre, il est habillé; il a les pourboires de l'officier de garde et de tous les soldats; il a la cotisation mensuelle; les pourboires des aubades devant la maison des officiers nouvellement nommés : aussi est-il, en général, grand amateur du délustrage; il a les pourboires de la liste civile, quand, au jour de l'an, il va souhaiter la bonne année à S. M. à coups de baguettes; il a l'asticage, par abonnement, de beaucoup de buffleteries, et, tout bien compté, cela lui fait plus que les appointements d'un officier de ligne. Comme ça doit faire rire ces messieurs entre eux! En outre, il se trouve, par ses fonctions, introduit dans ce qu'il appelle la bonne société, ayant accès ouvert de droit chez toutes les portières et les bonnes; aussi le tambour est généralement un petit lovelace et un franc buveur.

Et si, pour ce fait seul, il n'est pas décoré,
Je vous le dis tout net, j'en ai le cœur navré.
  Bravo, nos grands faiseurs, bravo pour la cantine,
Mais haro sur ces mots : *conseil de discipline!*
  L'Ibérie eut jadis un roi nommé Philippe,
Qui n'avait pas, dit-on, le savoir d'Aristippe.
Lui parler franchement n'était pas de saison,
Mais il avait *un fou* pour lui parler raison,
Et qui seul à la cour avait pleine licence
De dire en tout son mot sans craindre la potence (1).

(1) Sans toute la présence d'esprit du fou du roi Philippe, quand tous ses ministres et tous ses courtisans avaient perdu la tête, l'Espagne d'alors allait avoir aussi *ses trois glorieuses*, comme on disait d'abord, ou bien ses *trois journées de dupe*, comme on dit ailleurs, ou enfin son *événement*, comme on dit autre part : car remarquez bien qu'il est reçu dans notre siècle, et dans nos mœurs, telles qu'on les a faites, et qu'on les pétrit tous les jours, d'appeler les mêmes choses d'un nom différent suivant l'état et la position des personnes qui se trouvent mêlées à la chose. Exemple :

Un malheureux pauvre affamé, qui n'a pas mangé depuis vingt-quatre heures, non plus que ses petits enfants, prend un pain de seigle à la porte d'un boulanger. On l'appelle *un voleur*, on le traîne dans la prison d'abord, puis publiquement devant des juges, qui le déshonorent en le condamnant *comme voleur*, et rejettent flétri dans le monde celui qui n'a fait cependant qu'obéir à l'instinct irrésistible de la nature. Un homme haut placé dans la société s'insinue auprès de quelque vieille coquette, s'étudie à lui plaire, y parvient, ce qui n'est pas difficile, abuse de sa position pour attirer à lui le plus clair de la fortune de sa victime, et spolie sa famille en s'appropriant l'existence future de ses enfants : ça se voit tous les jours. La loi ne punit pas cela. On ne l'appelle pas dans le monde *un voleur* comme celui qui a enlevé un pain d'un sou au boulanger ; on le nomme tout bas un aigrefin, un homme adroit ; et s'il a

Au concours, dans l'Ibère, on mettait cet emploi (1),
Car faut beaucoup d'esprit pour être fou d'un roi.

dérobé de cette manière assez de fortune pour donner des fêtes, il ne sera pas rare d'y voir figurer des magistrats qui punissent le vol, et qui lui feront force compliments sur l'excellence de son punch et la beauté de son salon. Montons plus haut : un homme sans fortune arrivera (je suppose) à un ministère ; il y passera deux ans à 100,000 fr. d'appointements, et pendant ce temps, *sur ses économies*, il achètera pour un million de biens. On rit, on dit que c'est un homme précieux, qui entend parfaitement les affaires, et des gens des plus huppés se feront ses courtisans et ses flatteurs. Voilà notre époque de progrès, et c'est pour la maintenir et l'étendre qu'il vient chaque année à Paris cinq cents personnes se battre les flancs à jacasser, six mois durant, pour nous faire, défaire et refaire, des lois, qui laissent toujours la chose au même point (car je n'ose pas dire de mal en pis) ; puis s'en retournent, se frottant les mains, en se disant : « Ouf, ouf, je n'en puis plus ! Tudieu ! quels progrès nous avons fait faire aux institutions sociales de cette chère France, qui nous donne de si belles préfectures, de si belles présidences, et de si belles places en tous genres, depuis la recette générale jusqu'au débit de tabac pour tous nos amis! Ah ! sans contredit, la France est la première nation du monde depuis qu'elle nous a appelés à faire ses affaires. Tudieu ! quel chaos avant notre nomination ! C'est inconcevable vraiment qu'en si peu de temps nous ayons pu faire tant de choses ; et, nouveaux Hercules, c'est bien nous qui pouvons nous flatter dans la postérité d'avoir nettoyé les écuries d'Augias, et la preuve, c'est que nos poches sont pleines de nominations, de promotions et de cordons pour nous et pour nos amis, sans compter les retraites et les destitutions pour ceux qui n'en sont pas. Nous rapportons du pain béni de la grand'messe pour tout le monde. »

(1) Long-temps nos rois eurent aussi à leur cour *un fou en titre*, et il fallait beaucoup d'esprit pour se tenir à ce poste, tout aussi glissant qu'un ministère vraiment. C'était alors un meuble d'étiquette princière, ni plus ni moins qu'un connétable et une maîtresse en titre ; e

Plus d'un prélat auquel s'ouvrit l'Académie
Auprès de *Triboulet* n'eût été que momie ;

tout le monde parle encore de Roquelaure et de Triboulet, quand on ne parle plus guère des rois, des augustes rois dont ils étaient les fous. Bizarrerie des destinées humaines ! les curieux d'approfondir cette page grotesque de l'histoire de nos cours pourront, en feuilletant les anciennes chartres de la province de Champagne, apprendre qu'au nombre de ses priviléges cette province obtint autrefois, de je ne sais plus trop quel roi, le singulier privilége de fournir seule et à perpétuité des fous à la cour de France ; et on se demande aujourd'hui si cet acte de la puissance royale de droit divin était une épigramme ou une faveur. Les opinions sont encore partagées à cet égard. Sur quoi ne le sont-elles pas, après tout ? Un des soins que la branche aînée trouva les plus pressants à sa restauration, ce fut, comme on sait, de rétablir *les menins* et les menines, et je crois même me souvenir que M. le duc de Guiche était le menin de monseigneur le duc d'Angoulême, héritier présomptif de la couronne. J'ai cherché dans un ancien dictionnaire de l'Académie ce que c'était qu'un menin, et j'ai trouvé ceci : Enfants de qualité qu'on place auprès des enfants du roi, et chargés du soin de les amuser. Et je me suis dit : Oh ! les jolis enfants vraiment que le duc d'Angoulême et le duc de Guiche, ayant ensemble plus de cent ans ! Si j'ai bonne mémoire, M. le duc de Guiche avait pour cela 8,000 fr. de gages. En vérité, ce n'était pas trop ; et, pour si peu de chose, je n'aurais pas voulu, moi, entreprendre la corvée de mettre toujours le duc d'Angoulême en belle humeur. A la cour citoyenne, où l'on avait d'abord dit : *Plus de cour*, comme on y dit alors bien autre chose de pure circonstance, on a déjà refait des dames d'honneur, et je me plais à croire, à être convaincu même, que toutes ces dames en ont (de l'honneur, bien entendu). Viendra peut-être avec le temps celui d'y rétablir aussi les *menins*, et je m'inscris à l'avance pour ne pas avoir de ces places ; mais si on y rétablit ensuite les fous en titre, j'engage la cour à rétablir la province de Champagne dans ses anciens droits créés par *un édit royal, et surtout à se ressouvenir que je ne suis pas Champenois.*

Et dire au nez des rois toute la vérité
N'est pas des courtisans la spécialité.
Or donc, le roi Philippe, au fond de sa boutique,
S'en venait de bâcler un édit despotique ;
Chacun était muet, chacun était tout sot.
Les courtisans tremblaient, et nul ne disait mot ;
Mais le peuple déjà manifestait sa rage,
Et chacun dans l'état présageait un orage.
Les flatteurs, consternés, tous la bouche béante,
Courbaient aux pieds du roi leur échine rampante ;
Dans peu, c'en était fait du prince et de l'état,
Car tout peuple en courroux peut plus qu'un potentat.
Le fou, seul, à l'aspect de l'alarme publique,
Courut devant le prince, et d'un ton pathétique :
Que ferais-tu, dit-il, avec tout ton canon,
Si, quand tu dis : *Je veux*, chacun te disait *Non?*
Le potentat pâlit à ce trait de lumière,
Déchira son édit, et l'Ibérie entière
Au seul esprit d'un fou, comme à sa fermeté,
Dut alors son salut et sa sécurité.
Jamais les courtisans n'ont sauvé les empires,
Et de leur dévoûment ne se sont fait martyrs.
Dès qu'un roi s'engloutit au sein d'une tempête,
Pour celui qui survient ils ont harangue prête,
Et la curée a seule à ces pestes des cours
Le pouvoir d'inspirer un véritable amour.
Pour tout sceptre qui naît ils ont une auréole,
Et si mon chat trônait, il serait leur idole.
Hier quiconque était dieu demain sera tyran :
Qu'il revienne au pouvoir, ils seront ses *Séjan*.
Nous n'avons aujourd'hui que trop de ces reptiles
Qui, pour leurs intérêts, souples autant qu'agiles,

Exploitant tour à tour nos gloires, nos revers,
Mettraient, pour se gorger, vingt trônes à l'envers ;
Qui, parlant en public du bonheur de la France,
N'ont à part eux pour but que rapine et finance.
Pour eux le peuple n'est qu'un troupeau de moutons,
Dont leur audace a su s'adjuger les toisons ;
Un benin marche-pied, d'où, grâce à sa faiblesse,
Sans peine aux dignités s'élance leur souplesse.
Oui, par tous ces jongleurs moi je me sens aigrir,
Et Dieu ne m'a point fait pour leur menu plaisir.
Pour procurer la croix à mon apothicaire,
De patrouiller la nuit j'ai vraiment bien à faire :
Je hais, je vous le dis, et méprise à la fois,
Cette peste des cours et ce poison des rois.
Tout peuple qui les souffre est digne de sa chaîne.
Hautement, en tous lieux, les poursuivra ma haine,
Et sans aller au nez leur donner des soufflets,
Pour nous venger, du moins, sont permis les sifflets.
Il me paraît niais d'aller monter ma garde
Quand je paie au budget pour que l'état me garde.
Quoi! ces cent bataillons qui cernent tout Paris,
Ne sont pas suffisants pour calmer les esprits?
Quoi! ce réseau d'acier de cinquante mille hommes
Ne saurait un instant dissiper vos fantômes?
Cette hydre d'anarchie à vos yeux qui s'élance
N'est qu'un remords rongeur de votre conscience.
Oui, qui sent mériter la vengeance des cieux
N'ose faire un seul pas sans l'avoir sous les yeux ;
Et comme le voleur voit partout des gendarmes,
Dans le calme profond vous voyez tout en armes.
Subissez, vils jongleurs, le fruit de vos forfaits,
Pour être vos jouets nous ne sommes pas faits ;

Et nous ne voulons pas, innocents de vos crimes,
De vos vaines terreurs toujours être victimes.
  Mais quand dans vos discours vous parlez liberté,
De me laisser tranquille ayez donc la bonté.
Le doux lit d'une épouse ou bien d'une maîtresse
De tous vos lits de camp vaut mieux que la rudesse,
Et pour moi tout ce jeu n'est qu'un jeu de jongleurs,
Où le gain est pour vous, et pour moi les rigueurs.
  Je suis las et très las de votre discipline,
Et la douce Aglaé, Julie et Caroline,
Les charmes enivrants de leurs doux entretiens,
C'est mon poste d'honneur ! Bien plus qu'à vous j'y tiens,
Quand je suis au milieu de ce trio charmant,
Vogue comme il pourra tout le gouvernement ;
Si sur son milliard il ne tient point en selle,
Il me fait bien l'effet d'un homme qui chancelle.
Amen. Avec bien moins et Colbert et Sully
Se sont fait un grand nom par l'histoire anobli.
  Je ne vois pas du tout de transcendant mérite
A prêcher au désert la garde et la guérite.
  Oui, comme *Mahomet*, pour sa religion,
Présentait le poignard aux yeux de la raison,
Et disait : *Crois ou meurs*.... vous autres, fanatiques,
Vous venez nous traquer au fond de nos boutiques,
Et nous dire, sans rire, en vos langues d'argots,
Mort, mort ! à tous bizets, l'hôtel des *zaricots !*...
  A tous *bizets*, cruels ! vous creusez une tombe,
Des chefs-d'œuvre *d'Human* faites une hécatombe
Au siècle du progrès... sa saint Barthélemy !...
Ah ! Vandales ! tremblez : l'univers a gémi.
  Mais la postérité, pleurant notre souffrance,
Connaîtra le *Séjan* qui gouvernait la France.

Hé quoi ! le chapeau rond, si gentil, si coquet ;
En criminel d'état est traduit au parquet !...
Et ces habits qu'Human coupe avec tant de grâce,
Sur vos durs lits de camp ne peuvent trouver place?
En paix, à cinquante ans, faut jouer au troupier,
Plus, au besoin, pour vous, se faire estropier.
Ce jeu de casse-cou plaît fort mal à ma femme,
Et j'obéis, en tout, aux ordres de madame.
Je fus, dans tous les temps, le plus souple mari ;
De tout votre *tintouin* je me sens ahuri.
Quoi ! nos habits coquets, triomphateurs des belles,
Auxquels en quinze jours cèdent les plus cruelles,
Eux qui, tous les premiers, avec leurs fins jabots,
Ont d'abord illustré l'hôtel des *zaricots*.
Eux dont le dernier goût et la coupe commode
Ont à l'ordre du jour été mis par la mode,
Eux des brillants salons et la gloire et l'orgueil,
Eux qui parent si bien le guerrier d'Excideuil,
Eux auxquels à la cour le bon goût rend hommage,
Ne peuvent avec vous faire un jour bon ménage !
L'hôtel des *zaricots* ! Ces mots sont révoltants
Pour chaque miriflor et tous les élégants.
Si Bastille il devient, que là l'on nous empile ;
Que ce lieu pour nous tous soit la tente d'Achille (1),
Et je me ris encor, sous son double chaînon,
De la vaine fierté du nain Agamemnon.
Ah ! grand Dieu, foudroyez ces lois trop inhumaines,
Rendez-nous les douceurs des milices urbaines ;

(1) On sait que dans Homère Achille, mécontent d'Agamemnon, se retira dans sa tente, et que, tant qu'il fut absent de l'armée des Grecs, le siége de Troie languit, et que les Grecs n'y purent faire aucun exploit.

Que chacun ici-bas fasse enfin son métier.
Celui de *Moutonnet* n'est pas d'être guerrier.
Au sein de mes foyers ma femme me réclame,
J'obéis, je l'ai dit, aux ordres de ma femme.
Mais d'où vient qu'aujourd'hui vous êtes si rageurs?
Naguère, il m'en souvient, vous étiez bien meilleurs;
Quand des *poignées de main*, venant de haut étage,
Aux bizets comme à vous échoyaient en partage!...
Alors, que c'était beau!... Mon épouse ébahie
Crut vraiment que d'en haut la mauviette rôtie
Allait tomber pour nous comme manne des cieux.
Hélas! les gouvernants ne sont pas tous des dieux!...
Bientôt, mes beaux messieurs, ce fut déjà peu sage,
Vous avez fait deux parts du commun héritage.
La moelle aux oursins!... et les os aux bizets!...
Et ne vîtes en eux que piètres *foutriquets* (1).
Le Ciel sur l'innocent, le Ciel qui toujours veille,
Bientôt, pour nous venger, vous rendit la pareille...
Et certain maréchal... suffit... vous m'entendez...

(1) Voir la séance de la Chambre des députés où le vainqueur de Toulouse jeta à la tête de M. le baron Thiers, du haut de son grand sabre, presque aussi long que ledit baron, cette mordante épithète, qui, partant de si haut, ne pouvait manquer de prendre racine chez la nation du monde qui aime le plus à rire.

Aussi je prévois que dans l'histoire, à l'exemple des Romains, qui donnèrent à Tibère, vainqueur de la Germanie, le nom de Tibère Germanicus, et à Scipion, vainqueur de l'Afrique, le nom de l'Africain; l'histoire, grâce à l'illustre vainqueur de Toulouse, quand elle traitera le chapitre de.... vous m'entendez.... ne manquera pas de.... Daignez m'épargner le reste. Après tout, c'est un moyen tout comme un autre de passer à la postérité.

Vous fit pousser un jour un fameux bout de nez (1).
Plus nous avons long-temps souffert en patience,
Plus vous nous avez mis souvent en pénitence.
Contre notre douceur grand fut votre courroux.
L'hôtel des *zaricots* surgit bientôt pour nous,
Et puis sous la giberne on courba notre échine.
Maintenant c'est bien pis!... la loi nous assassine!...
Quand nous sommes martyrs, que notre apothéose
A nos neveux, un jour, raconte au moins la chose;
Qu'ils sachent qu'en ces jours de douleur et de deuil,
Le bizet fut ici traqué comme un chevreuil;
Que, sans aucun respect pour son humeur tranquille,
On voulut le contraindre à la guerre civile (2).
Nous eûmes nos beaux jours, bizets mirobolants!...
Mais tout est bien changé : les temps sont différents.
Des jardins du palais, qu'ont conquis nos cohortes,
On refuse aux bizets de confier les portes!...
Quoi! pour en écarter les pauvres et les chiens (3),

(1) Voir la note précédente.

(2) Il y avait en juin vraiment guerre civile dans toute l'acception du mot entre le parti dynastique et le parti républicain, puisque chaque parti était sous les armes, et s'entretuait avec canons, fusils, barricades, et tous les ingrédients de la guerre.

Or, dans de pareilles circonstances, forcer un paisible bourgeois à aller former pour vingt-quatre heures la garnison d'un poste que l'un des partis belligérants peut attaquer, et forcer ce bourgeois à défendre ce poste au péril de sa vie, c'est le forcer à la guerre civile. C'est un fait évident.

(3) L'un des points de la consigne des grilles du jardin est de ne point y laisser entrer les gens mal vêtus, tels que gens en veste et en casquette.

Un autre point également recommandé aux factionnaires de ces grilles est aussi d'en refuser l'entrée aux chiens, et, en cas de persistance,

Quoi ! ce n'est plus assez des bizets citoyens !
Il me faut acheter des pompons, une aigrette.
Ah ! mon cher coin du feu, combien je te regrette !..
Il est vrai qu'aux trois jours on ne demandait pas
Si d'un vain uniforme étaient couverts nos bras ;
Cependant, mes amis, il est bien manifeste,
Qu'alors plus d'un héros, en blouse comme en veste......
Quand nous viendront les temps où la réalité,
Paraîtra dans la Charte avec la liberté (1)?

d'opposer la force à la force ; et si le trait n'offrait pas quelque chose de trop grotesque et de trop *chokeen*, comme disent les Anglais, je désopilerais ici à mon aise la rate de mes lecteurs par le récit d'une facétie de ma façon, fort anodine, d'ailleurs, et commise par moi certain dimanche, à propos dudit article de consigne concernant l'entrée des chiens audit lieu.

(1) La réalité n'est pas dans la Charte. En voici un fait irrécusable.

Tous les hommes sont égaux devant la loi, dit cette belle menteuse.

Non, dis-je, devant la loi tous les hommes ne sont point égaux. Et je le prouve :

M. Thiers, M. Laffitte, M. le comte Roy, M. le baron Rotschild, ou M. le marquis d'Aligre, qui paie 180,000 fr. d'impôts à l'État, dit-on, un grand propriétaire quelconque, enfin, se promène paisiblement avec moi, bras dessus, bras dessous (je suppose, bien entendu), comme faisait jadis Béranger avec son Mécène Laffitte.

Deux ou trois malotrus ivres nous insultent de paroles et même de voies de fait. Nous n'allons pas, bien entendu, faire le coup de poing dans la rue avec ces malotrus, comme ferait, en pareil cas, un gentleman et même un prince anglais.

Nous savons mieux vivre : nous prenons des témoins de la chose, et nous faisons conduire ces malotrus chez le commissaire, qui dresse procès-verbal, et nous dit, le plus poliment du monde : Portez votre plainte au parquet.

On nous avait promis, autant qu'il m'en souvienne,
On nous avait promis ce rare phénomène....

Avez-vous beaucoup de témoins à citer? dit le procureur du roi tout d'abord. Au moins vingt, répondons-nous.

C'est fort bien, dit le procureur du roi ; vous allez porter leur nom au greffe, et y déposer quelques centaines de francs, que coûtera, à vue de nez, la comparution de tous ces messieurs, de toutes ces dames et de toutes ces demoiselles.

Nous allons au greffe, où nous contons la chose. Mon Mécène tire une poignée d'or de sa poche et paie ; je me trompe, on appelle cela *déposer :* il dépose, dis-je, la somme demandée pour lui seul, bien entendu.

Moi, je suis pour le moment comte d'argent court, comme disent les Gascons : je n'ai pas d'argent, et je ne puis rien déposer ; mais, à défaut d'écus, je dépose de belles phrases, telles que celles-ci et autres : « *La justice est pour les pauvres comme pour les riches ; la justice est pour tout le monde, puisque tous les citoyens sont égaux devant la loi, etc.* La justice suit à la diligence de mon Mécène *pour ce qui le concerne ;* et pour moi, elle n'agit pas, elle reste *sourde*, par la seule raison que je ne lui ai pas préalablement déposé quelques centaines de francs pour la mettre en haleine, comme on dit. Les manants qui ont poché mon Mécène et moi (je suppose toujours, bien entendu) sont condamnés à cinq ou six cents francs de dommages et intérêts envers mon Mécène, pour deux taloches qu'il a reçues à la tête, et qui sont jugées, par le tribunal, susceptibles d'un empêchement de travail de tant de jours, évalué par le chirurgien. Mon Mécène n'a reçu cependant que deux petits horions, et moi j'en ai reçu six ; et mon Mécène qui avait de l'argent à déposer au greffe, pour mettre la justice en mouvement, il obtient justice, tandis que pour moi, dont le cas est absolument identique, la justice est sourde et ne me rend pas justice.

Donc il n'y a souvent que ceux qui ont de l'argent à déposer à la justice qui obtiennent justice ; donc tous les citoyens ne sont pas égaux devant la loi, quoi qu'en dise la Charte-vérité.

Va voir s'ils viennent, Jean: pour moi, je n'y crois plus.
Nous changeons de grelots sans changer d'orémus.
  Le gros est toujours gros, le petit est atome.
L'égalité jamais ne sera qu'un fantôme :
Gros croqueront petits toujours, à mon avis,
Tout comme on voit les chats dévorer les souris.
  C'est l'ordre universel, l'ordre de la nature,
Nous sommes ici-bas sa faible créature;
Et tous ces vains rêveurs de systèmes nouveaux
Sont pour moi des jongleurs qui veulent des tréteaux.
  Que ne promet-on pas pour monter au pinacle!...
Y parvient-on enfin? Grand Dieu ! quelle débâcle !...
  Le premier besoin est, pour tout homme madré,
De bien fermer la porte après qu'il est entré :
Car les honneurs, enfin, c'est un mât de cocagne
Où chacun veut grimper, parce que l'on y gagne (1);
D'où le plus effronté renverse le plus sot.
  De l'énigme du jour je vous dis le fin mot.
Bizets! mes chers bizets! dans la peine commune,
Supportez noblement les coups de la fortune;
Et vous aurez pour vous, dans votre dignité,
L'infortune, l'honneur et l'immortalité.

C'est ce que je vous souhaite, mes très chers frères. Ainsi soit-il.

DIOGÈNE.

(1) Les places à la cour n'y sont plus honorifiques comme autrefois, où l'on payait même pour les avoir; et si le roi citoyen ne salariait pas aujourd'hui ses écuyers d'honneur, ses aides-de-camp, etc., à l'instar de ses marmitons, il est permis de penser que S. M. n'aurait pas une si grande affluence d'aspirants à ces places, quand on songe à cette soif de l'or qui fait le type particulier de notre époque.

CALCULS STATISTIQUES

A l'instar de beaucoup de ceux de M. Dupin, dit fort mal à propos Dupin le Savant, *puisque la mère des trois Dupin n'a mis au monde que trois savants, comme chacun sait, ne fût-ce que pour leur science à émarger tous les budgets passés, présents et futurs.*

A mes chers Compatriotes parisiens.

Tudieu! mes chers camarades, comme vous êtes devenus! quand j'y pense! comme vous êtes devenus, à ce qu'il paraît, *mauvais coucheurs*, *taquins*, *titis*, *rageurs*, en comparaison de vos pères, qui voyageaient autrefois, selon Malfilâtre, si bonacement de Paris à Saint-Cloud par mer, et s'en retournaient pédestrement de Saint-Cloud à Paris par terre (1).

(1) Voyez le *Voyage de Paris à Saint-Cloud,* ingénieuse débauche d'esprit de l'infortuné Malfilâtre, poëte d'un grand mérite, auteur du beau poëme d'*Adonis,* et mort de faim, selon l'usage, et d'après cet adage si connu :

Pégase est un cheval qui porte
Les grands hommes à l'hôpital.

Mais vous êtes donc des endiablés à présent, *mes chers camarades ?*

Il faut bien du moins que je pense qu'il en soit ainsi, puisque plus de 50 mille hommes à pied et à cheval, de toutes armes, avec artillerie de campagne, artillerie de position, artillerie de siége, qui entourent Paris comme dans un cercle d'acier, pour vous dire au besoin : *Enfants, soyez sages*, ne suffisent pas encore pour que vos bons gouvernants puissent écarter leurs paniques perpétuelles et se livrer au sommeil, ni même jouir un moment de cette douce paisibilité de l'âme qui fait le premier charme de la vie.

Quand je pense qu'au seizième siècle encore, quand votre Paris était tout palpitant des troubles et des horreurs de la guerre civile, et que son bon roi Charles IX, lassé de ne tuer encore que des oiseaux avec un favori obscur qu'il éleva aux premières dignités de l'état rien que pour s'être montré habile à les prendre aux piéges dans l'enfance de Charles IX, et alors qu'il était enfant lui-même; quand, dis-je, le roi Charles IX se donnait, au milieu de Paris, le passe-temps sanguinaire et atroce d'une chasse aux hommes par la Saint-Barthelémy, et que tout était encore en émoi dans ce bon Paris, vos pères, dis-je, mes chers compatriotes, étaient encore de si bons enfants, et si faciles à tenir en bride, que les registres du parlement d'alors font foi « que le guet qui veillait à la sûreté de Paris n'était que de *quarante-cinq hommes* ».

Aujourd'hui vous êtes un peu plus nombreux, je l'admets ; mais vous avez plus de 10 mille gendarmes, municipaux, sergents de ville, patrouilles grises, etc., etc.

Il est vrai, mes amis, qu'il y avait parmi vous des

mœurs et des principes, du moins tels quels; que le parlement de Paris défendait alors, *sous peine de mort*, d'enseigner les maximes d'Aristote, et que la chambre des pairs d'aujourd'hui se moque bien d'Aristote et boit gaîment à sa santé dans sa *buvette*; qu'enfin votre parlement d'aujourd'hui permet en toute liberté, s'en souciant fort peu, aux gros bonnets de votre université, non seulement d'enseigner les principes d'Aristote, mais encore une foule de choses que beaucoup de ces doctes têtes ne savent guère, ou même parfois ne savent pas du tout, sans que mort s'ensuive aucunement pour lesdits docteurs, même pour leurs appointements et indemnités directes ou indirectes.

Trois cents ans se sont à peine écoulés depuis que le guet de Paris, composé de ses quarante-cinq hommes, y suffisait au grand-policier d'alors.

Et aujourd'hui, c'est une grande armée tout entière qu'il faut sans cesse derrière vos talons pour que vous soyez sages !!

Comptons :

Votre population actuelle est d'environ 1,100,000 âmes.

Vous m'accorderez bien que la moitié est composée de femmes ou filles.

Vous m'accorderez bien aussi, j'espère, que ces 550,000 femmes ne sont pas toutes des Charlotte Corday, et qu'occupées un peu de leur ménage et beaucoup de leurs amourettes, elles n'ont pas besoin de gendarmes pour gratter leurs carottes et porter leurs billets doux.

A reporter. . 1,100,000 âmes.

Report. .	1,100,000
Je déduis donc cette part de population, puisque ce n'est pas pour elles que la force publique est nécessaire. .	550,000
Reste	550,000 hom.

Mais, sur ces 550 mille culottes, vous m'accorderez aussi qu'il y a au moins un tiers de vieillards, malades, impotents ou infirmes, auxquels il n'est plus possible d'agir que pour éternuer et rendre leurs clystères ;

Qu'il y a aussi au moins un tiers de mâles, depuis la bavette jusques et compris la sortie de leur philosophie, aux frères ignorantins ou à la mutuelle, que la *plamette* et le pain sec peuvent conduire, et pour lesquels ces deux ingrédients peu coûteux suffisent encore comme moyen d'intimidation. Voilà donc vos 550 mille culottes réduites des deux tiers,	370,000
ce qui, somme ronde, ne fait plus que	180,000

Vous ne pouvez, pour être justes, me refuser :

1° Au moins 20 mille fonctionnaires publics de toute figure et de tout acabit, depuis l'humble et modeste *gablou*, vulgairement parlant, et l'inspecteur aux trognons de pomme qui dans les pou-

A reporter. .	180,000

Report. . 180,000

tailliers des théâtres fait aussi de l'ordre public à sa manière, jusqu'à sa grandeur monseigneur le garde des sceaux, lesquels 20 mille fonctionnaires publics, ci, 20,000 vivant de l'ordre au budget, ne peuvent être susceptibles d'être soupçonnés d'avoir la pensée de le troubler en aucune façon, au contraire, à peine d'être mis à la diète du budget, peine diablement intimidante pour leur appétit, qui, l'un portant l'autre, n'est pas mince.

Reste donc 160,000

2° Attendu que, si, pour ceux qui sont placés et vivent du budget, *la douce paisibilité de l'âme*, comme dit admirablement une divinité qui a plus d'esprit à elle seule que toute l'Académie ensemble; attendu, dis-je, que, si *la paisibilité* est un devoir pour les gens déjà pourvus d'emplois et de places, c'est bien un devoir plus imposant pour tous les solliciteurs qui veulent des places et n'en ont pas encore, mais en sollicitent à cor et à cri, chapeau bas, les mains jointes, courbés ou à genoux: car eux il leur importe bien plus encore de se signaler zélés, ardents, pleins de cet enthousiasme unanime enfin que nos *fai-*

A reporter. . 160,000

Report. . 160,000

seurs disent être partout, puisque les grands dispensateurs des grâces, du haut de leur mât de cocagne, ont les yeux fixés sur eux constamment pour pouvoir procéder avec quelque discernement à leur distribution quotidienne. Or, là non seulement il y a zèle ardent pour l'ordre des choses, mais encore rivalité et assaut constant de zèle.

Or, combien y a-t-il de solliciteurs à Paris, tant pour les places de la capitale que pour celles de toute la France qui se donnent à Paris?

Ça fait trembler rien seulement que d'y penser; et cette meute affamée, qui oserait entreprendre de l'énumérer? Dupin le savant succomberait peut-être à la tâche. Essayons cependant.

Le catéchisme a ses sept péchés capitaux; nos rois sont dans l'habitude d'avoir, terme moyen, sept ministres, soit dit sans allusion entre les premiers et les derniers, mais simplement ici comme fleur de réthorique.

Qu'on interroge chaque ministre en particulier, chacun n'hésitera pas à dire que pour sa part il est pourchassé et harassé continuellement d'une douzaine de mille de ces insatiables appétits budgé-

A reporter. . 160,000

Report. . .	160,000
taires. Cela ferait 84 mille ; mais, comme il y en a bien 5 mille d'assez voraces pour solliciter à plusieurs ministres à la fois, à l'exemple de nos cumulards tant connus, grands et illustres, qui font la gloire et l'ornement de là France actuelle, en conscience je ne porte ici que 78 mille, ci	78,000
Reste donc	82,000

82 mille culottes, ou mâles, indépendants, susceptibles d'être soupçonnés d'avoir de la propension à troubler l'ordre des choses.

Ce n'est pas tout; comme nos clairvoyants gouvernants ont armé de pied en cap 80 mille Parisiens et leur ont donné la pénible et gratuite mission de s'habiller en soldat à leur frais, pour veiller, dans Paris, *à l'ordre public,* et y courir sus aux perturbateurs, et qu'il serait absurde de supposer auxdits gouvernants l'ineptie de distribuer des armes à des hommes seulement soupçonnés par eux d'être susceptibles de vouloir leur nuire, pour être conséquent, je réduis encore du nombre des gens à garder ceux par qui le gouvernement fait quotidiennement garder et empoigner au besoin quiconque trouble la paix publique ou menace

A reporter. . .	82,000

Report. .	82,000
d'attenter à la sûreté de l'état, ci. . .	80,000
Qu'est-ce qui reste maintenant? Vous le voyez, 2 mille! seulement 2 mille !!...	2,000

Et pour assurer la sécurité quotidienne à la bonne ville de Paris, voyons ce qu'on emploie.	
Primo-d'abord, 80 mille gardes nationaux, tous armés aux frais de l'état, habillés et équipés aux frais d'eux-mêmes, ci.	80,000
2° 50 mille soldats de troupes de ligne, tant à pied qu'à cheval, qui sont dans Paris, ou si près, qu'au moindre coup de sifflet ils y sont, ci	50,000
3° 10 mille municipaux, gendarmes, sergents de ville, patrouilles grises, etc.	10,000
4° Une myriade de hauts et bas policiers décorés ou non décorés, qui se faufilent partout, soit à pied dans les cabarets, soit en carrosse dans les salons : attendu qu'on manque ici de données pour évaluation.	*Mémoire*,
Total. . .	140,000

Voilà donc 140 mille hommes armés pour faire rester sages 2 mille hommes soupçonnés susceptibles d'être susceptibles de n'être pas toujours disposés à l'être, c'est-à-dire 70 hommes pour dire à 1 : *Soyez sage.*

Mais au bagne, où sont les criminels, il n'y a qu'un

argousin (1) pour garder chaque paire de forçats!!...

Vous me direz que les forçats sont enfermés et enchaînés. Oui; mais 1 gardien pour 2, et ici 70 gardiens pour 1!

Tudieu! mes bons compatriotes, mais si vous êtes vraiment aussi rageurs que les mesures du gouvernement à bon marché à votre égard pourraient me le faire croire, savez-vous bien que je ne me crois plus du tout en sûreté au milieu de vous; et si vous ne l'êtes pas, il faut donc que vos gouvernants aient de bien lourdes brioches sur la conscience, de bien énormes reproches à se faire, pour voir parmi vous, dans leurs cauchemars et leurs paniques, tant de Séides et de Catilinas, qu'il leur faille 70 gardiens pour garder chacun de vous! La panique du remords conduit donc à l'absurde! C'est possible; mais l'absurde ne prend pas de racine : il s'écroule.

Je me sauve bien vite dans la forêt de Bondy; là, puisqu'il n'y a point tant de gardiens, c'est probablement, vu la sagesse de nos gouvernants, qu'il y a moins de dangers.

Adieu, bons Parisiens; je reviendrai vous voir quand vous serez redevenus de bons enfants comme autrefois, comme au temps, par exemple, où le guet de Paris n'était composé que de 45 hommes. Sur ce, mes chers compatriotes Parisiens, la présente n'étant à d'autres fins, je prie Dieu qu'il vous ait en sa sainte et digne garde.

Votre affectionné cousin,

DIOGÈNE.

(1) Terme technique des bagnes pour désigner les hommes employés à la conduite et à la surveillance des forçats aux travaux.

Imprimerie de GUIRAUDET et JOUAUST, rue Saint-Honoré, 315.

www.ingramcontent.com/pod-product-compliance
Lightning Source LLC
LaVergne TN
LVHW020308230826
846091LV00006B/2588
* 9 7 8 2 0 1 3 4 6 4 1 2 3 *